EXPÉDITION SCIENTIFIQUE FRANÇAISE

EN RUSSIE, EN SIBÉRIE ET DANS LE TURKESTAN

V

ATLAS

DES

ÉTOFFES, BIJOUX, AIGUIÈRES, ÉMAUX, ETC. DE L'ASIE CENTRALE

LE PUY, IMPRIMERIE DE MARCHESSOU FILS, BOULEVARD SAINT-LAURENT, 23

EXPÉDITION SCIENTIFIQUE FRANÇAISE
EN RUSSIE, EN SIBÉRIE ET DANS LE TURKESTAN

VOL. V

ATLAS

DES

ÉTOFFES, BIJOUX, AIGUIÈRES, ÉMAUX, ETC.

DE

L'ASIE CENTRALE

PAR

CH. E. DE UJFALVY DE MEZÖ-KÖVESD
MEMBRE DE L'ACADÉMIE ROYALE DES SCIENCES DE HONGRIE
DES SOCIÉTÉS DE GÉOGRAPHIE DE PARIS, BORDEAUX, ROUEN, AMSTERDAM, BUDAPEST,
MUNICH, SAINT-PÉTERSBOURG, ROME ET VIENNE
DES SOCIÉTÉS D'ANTHROPOLOGIE DE PARIS, BERLIN, MOSCOU ET VIENNE

PARIS
ERNEST LEROUX, EDITEUR
LIBRAIRE DE LA SOCIÉTÉ ASIATIQUE
DE L'ÉCOLE DES LANGUES ORIENTALES VIVANTES, ETC.
28, RUE BONAPARTE, 28

1880

A LA MÉMOIRE

DE L'ILLUSTRE VOYAGEUR RUSSE

FÉDCHENKO

HOMMAGE DE L'AUTEUR

AVANT-PROPOS

Le *présent Atlas a été composé pour servir de complément au volume II de notre publication de voyage. En visitant les ruines des antiques cités du Turkestan russe, en séjournant dans les grandes villes qui renferment des monuments, nous avons eu soin d'y faire, pour le compte du gouvernement français, une collection de briques émaillées* [1]. *Dans le volume que nous venons de citer, nous avons eu l'occasion de nous étendre sur les différents genres d'émaux qu'on rencontre en Asie Centrale et nous renvoyons le lecteur à ce passage de notre livre* [2].

En parcourant les bazars des grands centres industriels, nous avons également étudié les bijoux, aiguières et étoffes de l'Asie centrale. Nous avons pensé que la reproduction de ces aiguières et bijoux et des dessins de ces étoffes pouvait offrir un intérêt au point de vue artistique et peut-être aussi au point de vue industriel. Les

1. Toutes ces briques émaillées se trouvent au Musée ethnographique du Palais du Trocadéro.

2. Voir *Expéd. scient. franç. en Russie, en Sibérie et au Turkestan.* Vol II. *Le Syr-Daria, le Zérafchâne, la Province des Sept-Rivières et la Sibérie Occidentale, etc.* Paris, 1879, pp. 73 et 74.

bijoux de cette contrée, presque toujours en argent (sans alliage), sont ou modernes ou anciens. Les anciens, généralement d'un travail fort remarquable, sont ornés de pierres précieuses (turquoises, rubis, saphirs, lapis-lazuli, cornaline, etc.); les modernes qui ne manquent ni de finesse ni de goût sont décorés de pierres fausses. Les bijoux, comme d'ailleurs tous les produits de l'industrie de l'Asie Centrale, portent la marque de la décadence générale, chaque fois qu'ils sont de fabrication récente. Nous avons fait reproduire des bijoux sartes, kirghises et même bachkirs; car ces derniers affectent absolument les mêmes formes et les mêmes ornementations; ils sont évidemment d'une provenance semblable.

Les aiguières, plats, chandeliers, ornements de pipes, etc., en cuivre repoussé, souvent enchâssés de turquoises, sont d'une forme élégante et d'un travail soigné. Tous ces cuivres sont faits à la main et leur aspect parle en faveur de l'habileté des chaudronniers de Samarkand, Khodjend, Karchi, Karchi, Khokand, etc.[1]*. La dégénérescence de goût, dont nous parlions tout à l'heure, se manifeste beaucoup moins dans les aiguières. Quoique les cuivres anciens, incrustés d'argent ou niellés, soient d'une beauté et d'un galbe tout particulier, il faut avouer que les aiguières modernes montrent parfois des ciselures à jour agréables et des formes d'un goût incontestable.*

Quant aux étoffes en velours, soie, soie et laine, etc., elles se distinguent par leur solidité et par des dessins variés. Tous les tissus, presque toujours d'une couleur éclatante, présentent généralement des dessins bizarres qui ne manquent certes pas d'originalité. Les broderies faites à la main (par des hommes) sont exécutées avec une régularité étonnante; on est obligé d'admirer les gracieuses pochettes

1. Les plus beaux, dit-on, viennent de Karchi.

brodées, ainsi que les ceintures richement agrémentées de plaques d'argent et de pierreries. Les chabraques brodées en relief d'or et d'argent, ainsi que les harnais en velours enrichis de turquoises et de cornalines (gravées), sont également d'un beau travail. Mais les habitants de l'Asie Centrale excellent surtout dans les broderies sur cuir. Le cuir est à la fois fin, souple et solide et les broderies sont exécutées avec une rare habileté. Les dessins des étoffes de soie reproduisent souvent les mêmes formes flambées que nous rencontrons sur les briques émaillées qui recouvrent les monuments.

Nous avons fait faire également deux planches représentant des armes et des instruments de musique. Le fusil à mèche du nomade de l'Asie Centrale est presque une pièce archéologique digne de figurer dans une collection d'armes du moyen âge et le violon du montagnard du Haut-Zérafchâne présente peut-être, en comparaison, une forme encore plus primitive.

Qu'il nous soit permis, en terminant cet avant-propos, de remercier ici même notre aimable éditeur, M. Ernest Leroux, que la perspective de fortes dépenses n'a pas empêché d'entreprendre cette publication, et M. Schmidt, habile dessinateur, qui a exécuté les vingt-cinq planches du présent Atlas avec une scrupuleuse exactitude.

Paris, le 12 avril 1880.

L'AUTEUR.

Aiguière persane

EXPLICATION DES PLANCHES

En face du titre :

BRIQUES ÉMAILLÉES DE SAMARKAND

(EN CHROMO-LITHOGRAPHIE)

1re série. — Types de dessins d'étoffes.

PLANCHE I.

Types de dessins d'étoffes en soie, tissées et brodées (Tachkend, Samarkand, Khokand, Marghellân, etc.).

PLANCHE II.

Types de dessins d'étoffes en soie et en mousseline, tissées et brodées (même provenance).

PLANCHE III.

Types de dessins d'étoffes en soie et en mousseline, tissées et brodées.

PLANCHE IV.

Types de dessins d'étoffes en drap et en cuir, brodées à la main (de Turkestan).

PLANCHE V.

Types de dessins d'étoffes en drap et en cuir, brodées; bois découpé pour imprimer les dessins sur les étoffes (Tachkend).

PLANCHE VI.

Coiffure de femme en soie de Samarkand ornée de bijoux en argent; pochette de montre en cuir; turban avec aigrette en argent doré, ornée de turquoises; calotte d'homme en soie brodée à la main; chabraque en velours brodée d'or et d'argent; ceinture d'homme brodée à la main avec des applications en acier argenté.

PLANCHE VII.

Ceinture en soie (ornée d'appliques en argent) à boucle en argent massif; dessus de couvercle d'un coffret en argent ciselé; bouton de manchette en argent; pochettes brodées; poisson à fard en argent.

2e *série. — Bijoux.*

PLANCHE VIII.

Bijoux kirghises en cuivre ciselé et amulette sarte en jade avec chaînette en argent ornée de perles en corail.

PLANCHE IX.

Ornements en argent enrichis d'émail; bracelet en argent massif; aigrette en argent doré, orné de turquoises; pierre à aiguiser avec poignée en argent niellé.

PLANCHE X.

Amulette sarte en argent, ornée de turquoises et de perles en verre, enchâssant deux griffes de hibou; breloque en argent niellé ornée de perles en verre; ornement de coiffure en argent, enrichi de turquoises et de perles en verre; boucle ancienne en argent, ornée de turquoises et de strass.

PLANCHE XI.

Bouton sarte en argent, orné de turquoises fausses; amulette kirghise en argent ciselé; ornement de coiffure en argent et or, orné de pierres et de perles fausses; coffret pour renfermer le coran, en or et argent, orné de turquoises fines.

PLANCHE XII.

Boucle d'oreille en argent, ornée d'émail et de pierres et de perles fausses; boucle d'oreille en argent, ornée de perles en verre et de pierres fausses; boucle d'oreille de petite fille, ornée de perles en corail; bague en argent niellé, ornée de turquoises fausses; boucle d'oreille en argent doré, ornée de perles en corail.

PLANCHE XIII.

Bâton de commandement ou sceptre en argent, incrusté de turquoises;

boucle ancienne en argent, ornée de turquoises et cornalines; boucle moderne en argent, ornée d'émail et de turquoises fausses; collier en argent, orné de pierres et de perles en verre; bracelet ancien en argent, orné de turquoises; bracelet moderne en argent niellé, orné de turquoises fausses; bracelet de petite fille en argent niellé, orné de turquoises fausses, avec porte sucre; bracelet ancien en argent orné de turquoises.

PLANCHE XIV.

Boucle d'oreille moderne en argent, ornée de pierres fausses; pendeloques en argent, ornées de pierres fausses; boucle d'oreille en argent et or, ornée d'aigues-marines et de perles fines; boucle de ceinture en argent, incrustée de turquoises fines.

3e série. — Instruments de musique et objets divers.

PLANCHE XV.

Fouet à manche en argent, incrusté de turquoises fines; casse-tête en bois peint; gourjes à récipient de pipe et à tabatière; bout de lance; lance de la police municipale de Samarkand; flûte en bois; candelabre en fer-blanc; chalumeau de bijoutier; étui en cuir qui s'attache au pommeau de la selle et qui renferme des tasses pour boire; crécelle en bois; trompette gigantesque en cuivre.

PLANCHE XVI.

Casque en acier; tambourin face et dos; sabre; fusil à mèche; violon du Haut-Zérafchâne; tambour; guitare du Haut-Zérafchâne; guitare avec incrustations en ivoire de Pendjekend; guitare de Samarkand.

4e série. Cuivres ornementés et fragments d'émaux avec les mêmes ornements.

PLANCHE XVII.

Cuivres ornementés de Tachkend.

PLANCHE XVIII.

Cuivres et briques émaillées.

PLANCHE XIX.

Cuivres et briques émaillées.

5e série, Émaux du Turkestan, de Djanekend et de Samarkand.

PLANCHE XX.

Brique émaillée de Samarkand (émail disposé en mosaïque), mosquée du Gour-Emir (tombeaux de Tamerlan); brique émaillée à surface unie, mosquée du Schah-Sindèh (Samarkand); brique émaillée en relief de Djanekend (ruines d'une antique cité dans les environs de la mer d'Aral).

PLANCHE XXI.

Brique émaillée à surface unie de la mosquée Hazret, à Turkestan ; fragments, de briques émaillées (émail disposé en mosaïque) de la même provenance.

PLANCHE XXII.

Briques émaillées et fragments de briques de la mosquée Hazret, à Turkestan. (Le dernier fragment rappelle absolument certains tissus de soie.)

PLANCHE XXIII.

Briques émaillées à surface unie et avec émail disposé en mosaïque, des mosquées Hazret à Turkestan, et Schir-Dar à Samarkand.

PLANCHE XXIV.

Fragments de briques émaillées en relief des ruines d'Aphrosiab, près Samarkand; pièce de marbre travaillée de la mosquée d'Ouloug-Beg, à Samarkand, et briques émaillées en relief et disposées en mosaïque de la mosquée du Schah-Sindèh, à Samarkand.

Tous les objets représentés dans cet atlas ont été rapportés par M. de Ujfalvy et se trouvent, à quelques rares exceptions près, au Musée ethnographique du Trocadéro

Le Puy. — Imprimerie de Marchessou fils, boulevard Saint-Laurent, 23.

EMAUX DE SAMARKAND.

PLANCHE I

PLANCHE II

PLANCHE III

PLANCHE IV

16

17

B. Schmidt

PLANCHE V

1/2

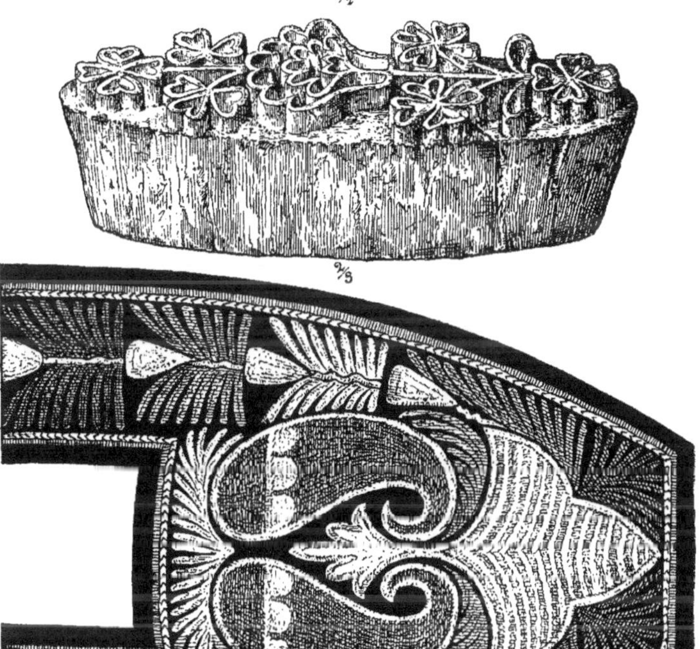

2/3

2/3

PLANCHE VI

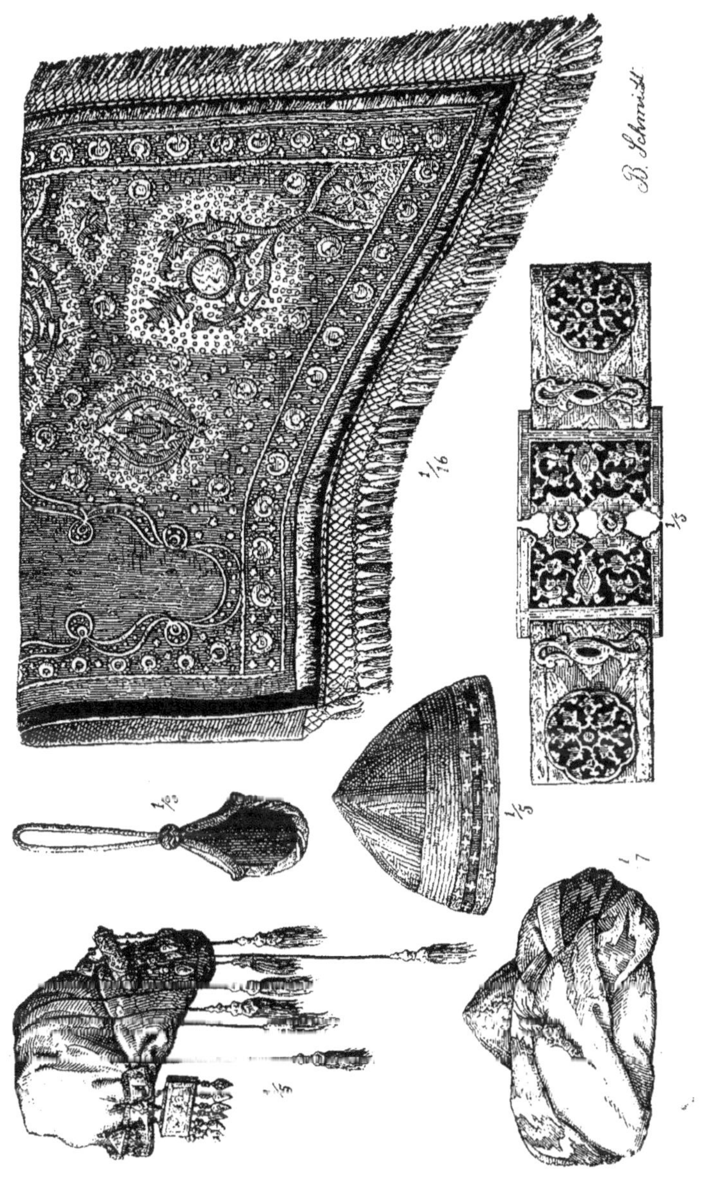

PLANCHE VII

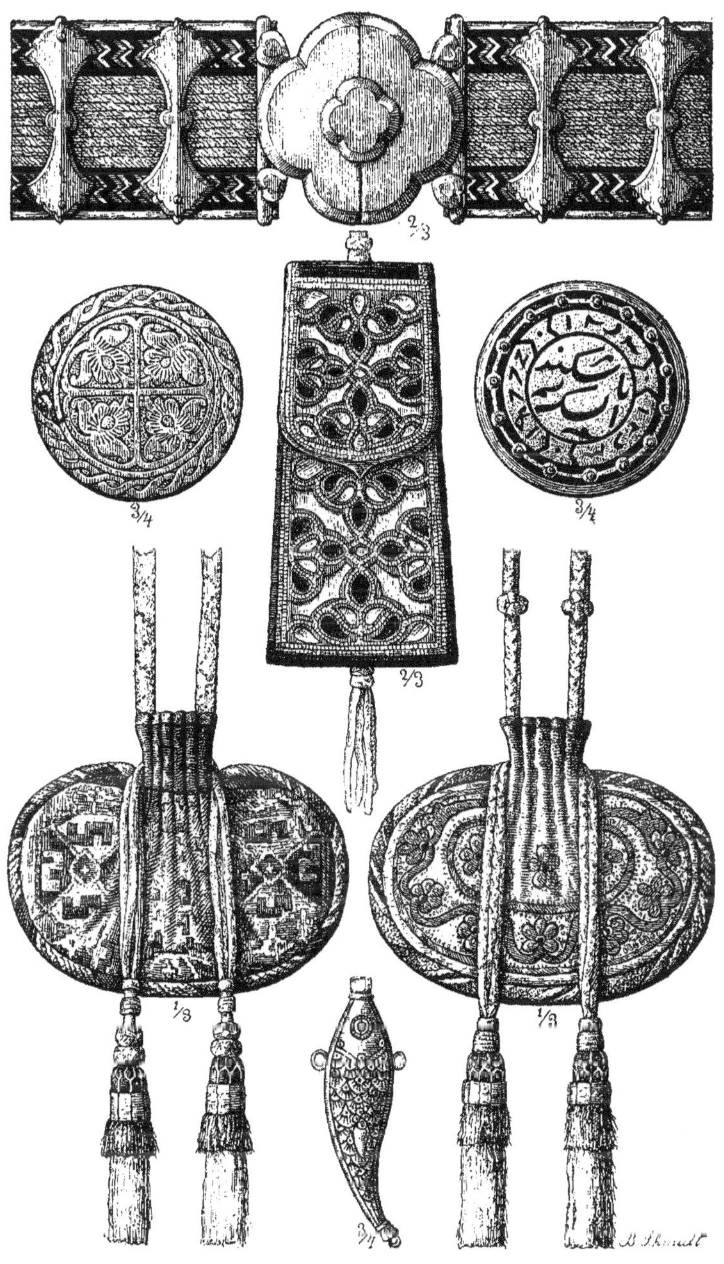

PLANCHE VIII

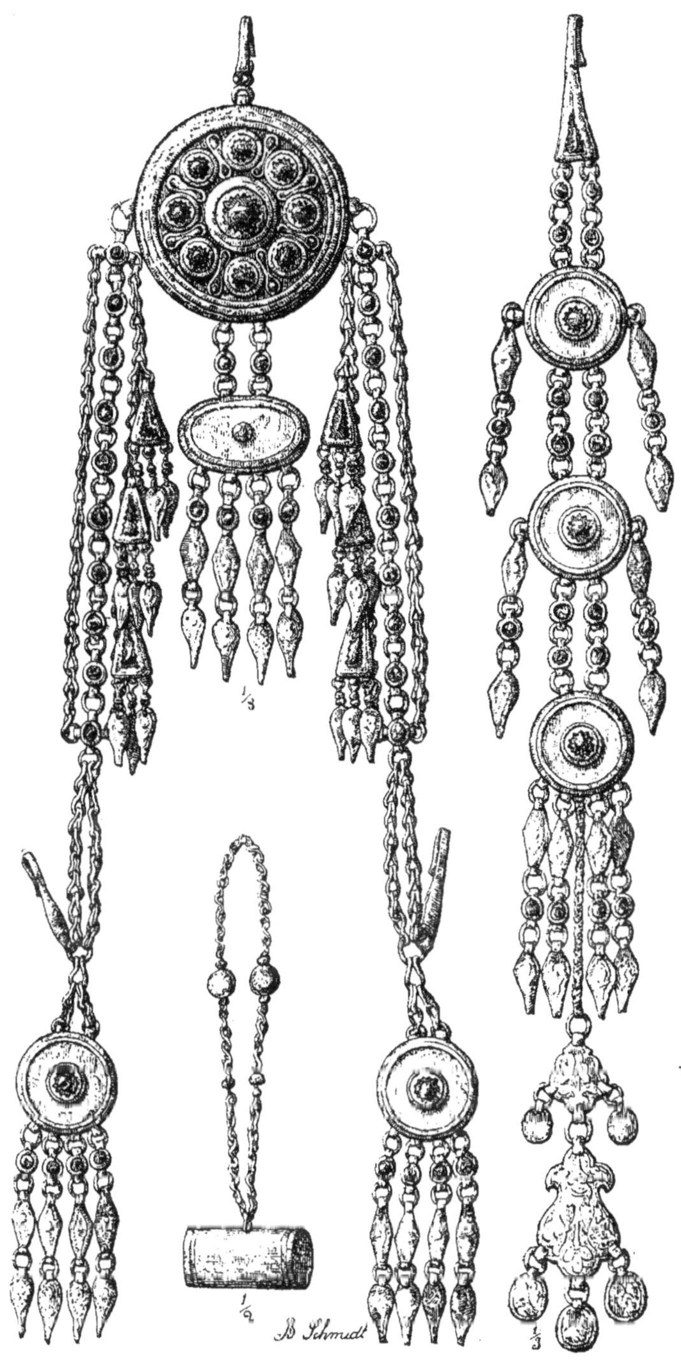

PLANCHE IX

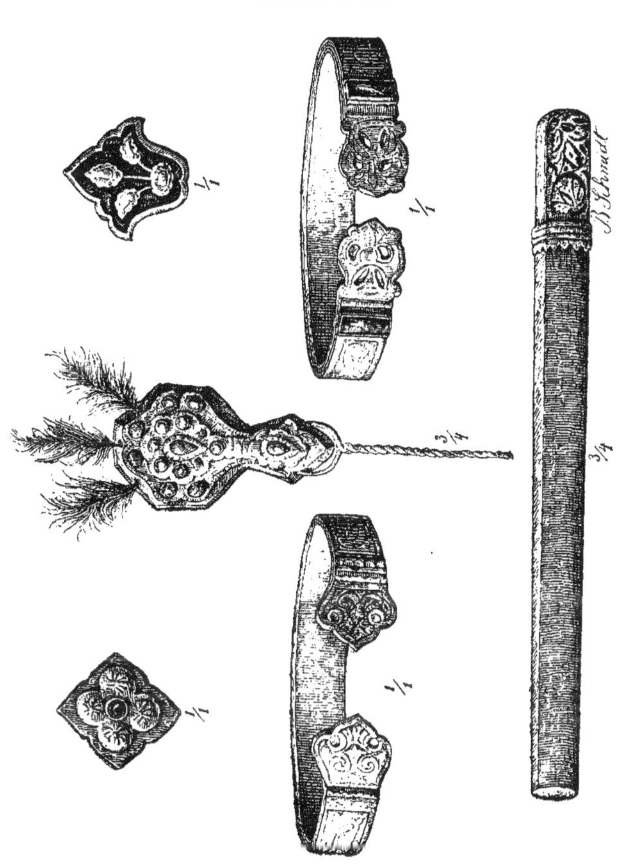

PLANCHE X

PLANCHE XI

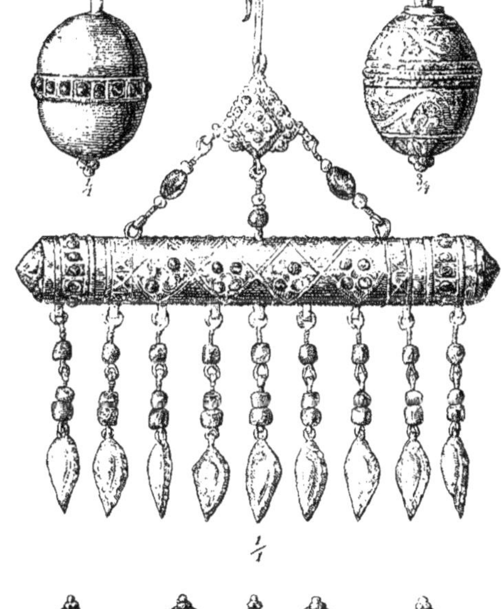

1/1

PLANCHE XII

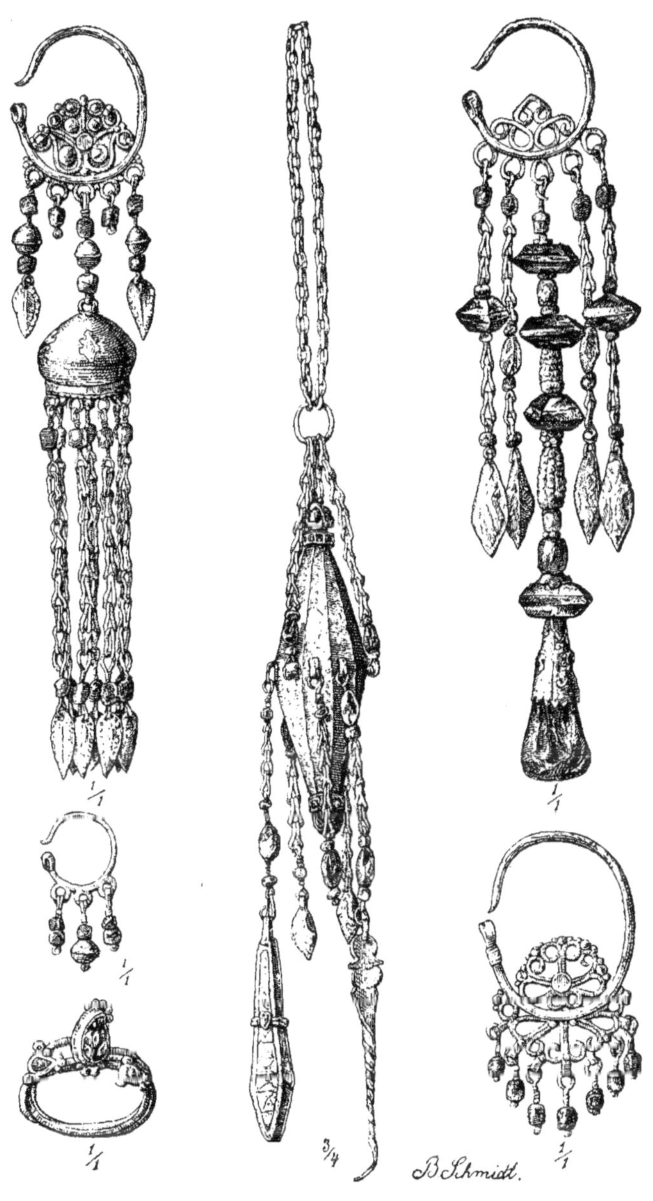

PLANCHE XIII

PLANCHE XIV

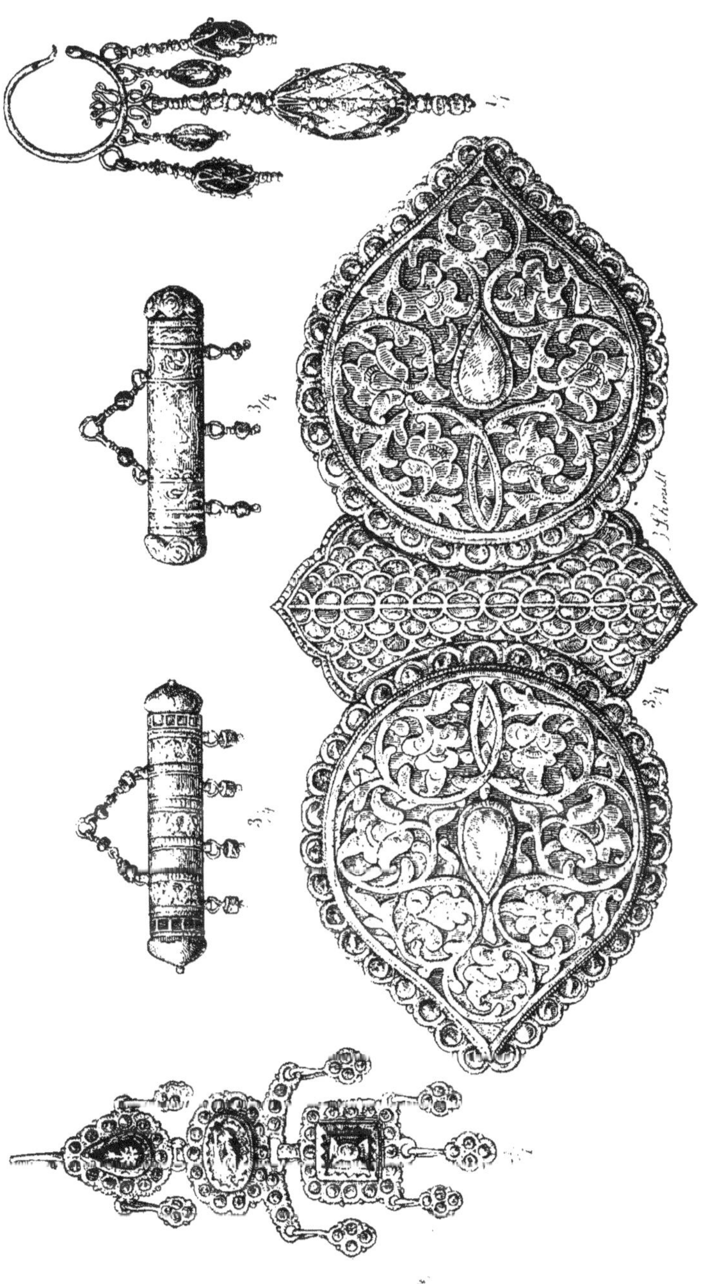

PLANCHE XV

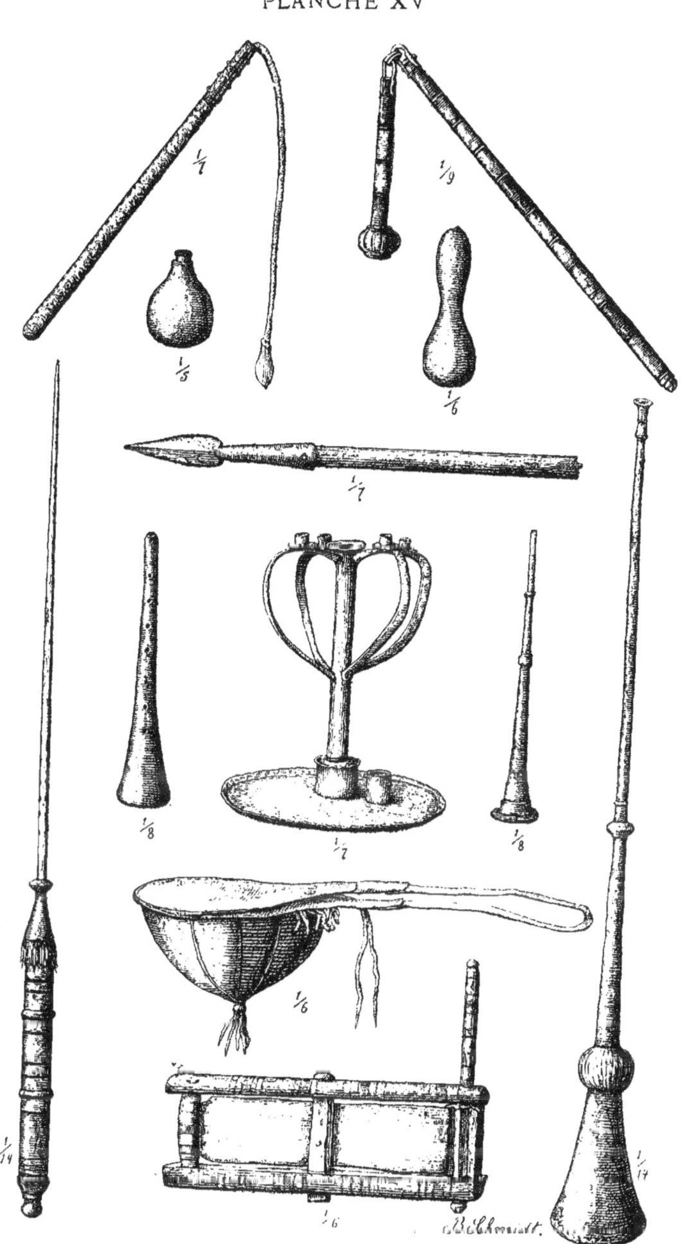

PLANCHE XVI

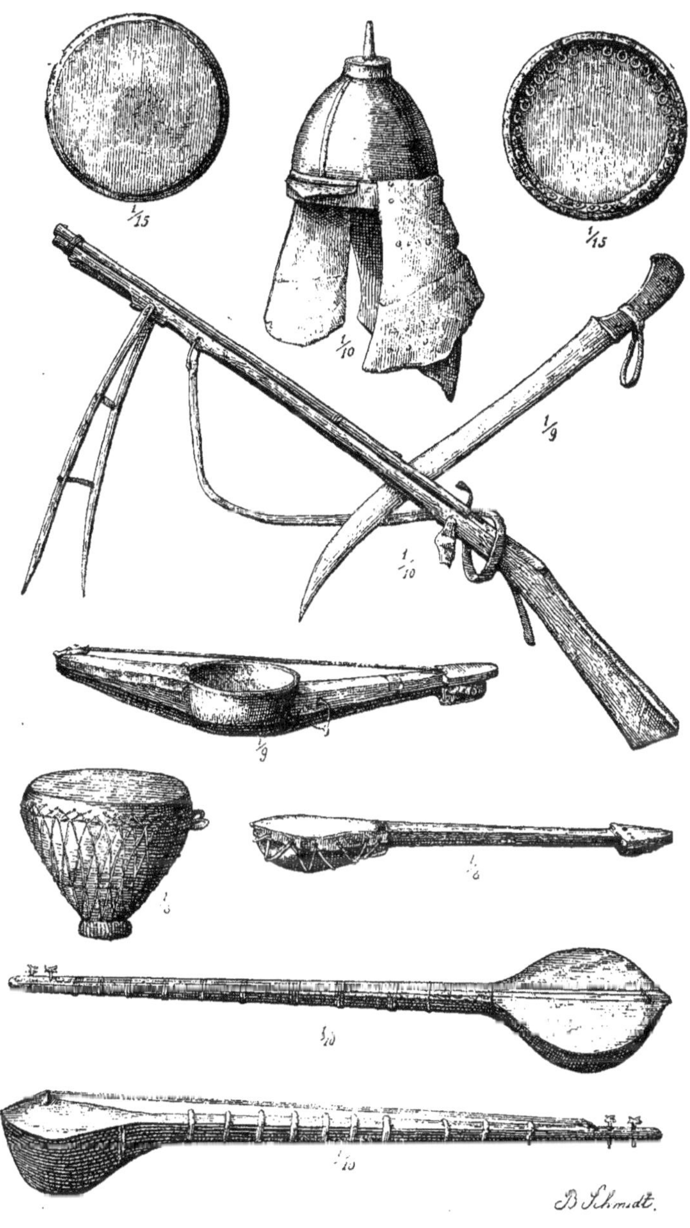

PLANCHE XVII

PLANCHE XVIII

PLANCHE XIX

PLANCHE XX

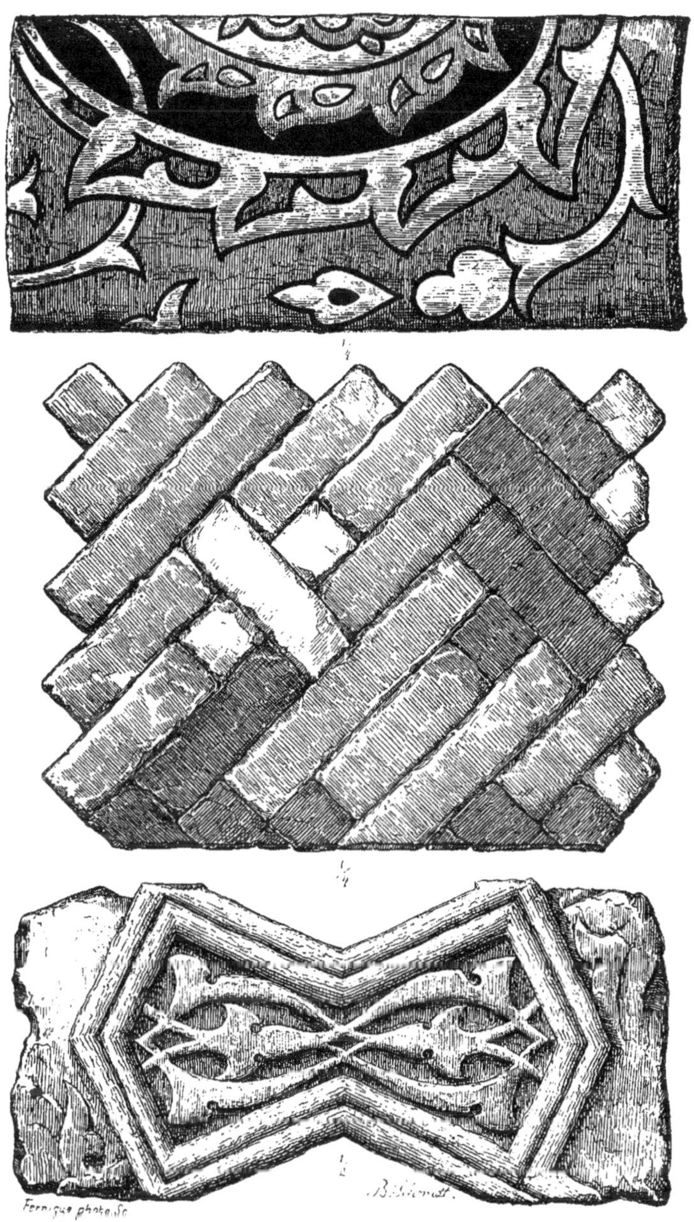

PLANCHE XXI

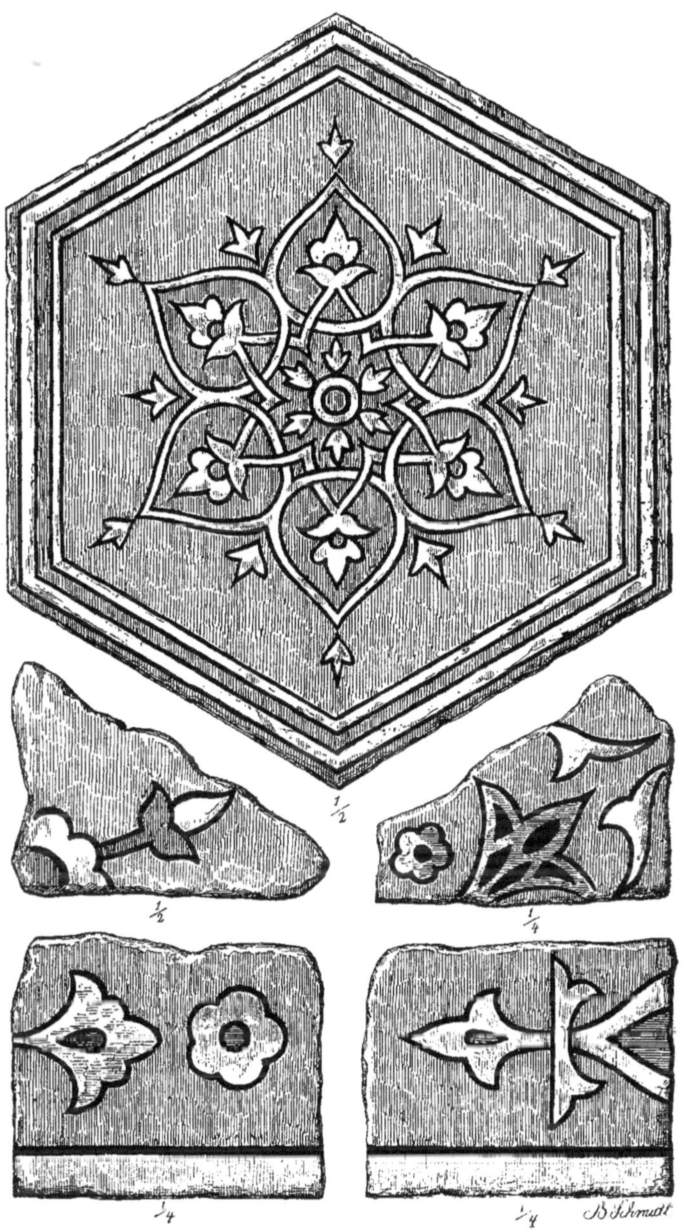

PLANCHE XXII

PLANCHE XXIII

PLANCHE XXIV

www.ingramcontent.com/pod-product-compliance
Lightning Source LLC
LaVergne TN
LVHW010001230826
846092LV00002B/585

* 9 7 8 2 3 2 9 6 9 1 7 3 2 *